AF463829

La réimpression de cet Ouvrage n'auroit pas été permise, en France, il y a quelques mois. Les Directeurs de l'opinion publique *en auroient été bien plus alarmés que de la publication du libelle le plus virulent. C'est qu'en effet les rapprochemens sont si aisés, et les allusions s'offrent si naturellement, qu'on croit, à chaque page, assister à l'interrogatoire d'*un grand Coupable, *ou lire son acte d'accusation.*

Ce n'est pas pour offrir un nouvel aliment à l'indignation publique, ni pour ajouter, s'il étoit possible, à la haine universelle, que l'on donne cette nouvelle édition. On a eu seulement l'intention de rappeler des vérités trop long-temps méconnues, et des principes dont la violation a eu des conséquences si désastreuses.

Que les personnes en autorité, que celles qui sont appelées à gouverner sous le plus éclairé, le plus juste, et le meilleur des Princes, profitent de ces instructions vraiment royales; et le bonheur de la France est assuré.

DIRECTIONS

POUR

LA CONSCIENCE

D'UN ROI,

Composées pour l'instruction de Louis de France, Duc de Bourgogne,

Par M. François DE SALIGNAC DE LA MOTHE FÉNÉLON, Archevêque-Duc de Cambrai.

Et nunc Reges intelligite : erudimini qui judicatis terram. *Psal. II* 10.

AVIGNON,

Chez FR. SEGUIN aîné, Imprimeur-Libraire, rue Bouquerie, n.° 7.

AVERTISSEMENT

de l'édition de 1775.

Le Livre des DIRECTIONS DE LA CONSCIENCE D'UN ROI, *par M.* de Fénélon, *est un de ces Ouvrages rares, en possession de l'estime universelle. Digne d'être recherché de tous les Souverains, pour qui il semble fait plus particulièrement, il est également précieux aux sujets, puisque les devoirs que la sagesse et la vérité y prescrivent, se rapportent au bonheur des peuples. Cet Ouvrage immortel peut donc être regardé comme un bienfait pour l'humanité entière : aussi tous ceux qui en ont parlé, n'ont-ils pu se défendre de le louer avec cette espèce d'enthousiasme qui naît de l'admiration et de la reconnoissance.*

Entre une foule de témoignages, contentons-nous de rapporter ce qu'en ont dit des orateurs que l'Académie a récemment accueillis comme les plus dignes panégyristes de Fénélon, et que nous pouvons, à cet égard, appeler les orateurs de la patrie.

« *L'auteur du Télémaque*, dit M. l'abbé
» Maury *), *déchire le voile de ses fictions. Ce
» n'est plus à un enfant, c'est au chrétien qu'il
» s'adresse. Dans quelle situation placera-t-il son
» élève ? Il l'appelle à ce moment de vérité, où
» l'homme prosterné dans un tribunal se dénonce
» lui-même à son juge. Le directeur va plus loin
» que l'instituteur : son cœur s'épanche. En inter-
» rogeant, il accuse ; en énonçant, il démontre ;
» en avertissant, il frappe. Quand on lit cette
» instruction paternelle, où les maximes les plus
» abstraites de l'art du gouvernement sont aussi
» lumineuses que les éternels axiomes de la rai-
» son, on croit voir l'humanité s'asseoir avec la
» religion aux côtés d'un jeune prince, pour lui
» enseigner toutes les règles de morale qu'il doit
» suivre, s'il veut rendre ses peuples heureux.* »

« *Ce qu'il faut admirer dans cet Ouvrage*, dit
» un autre écrivain **), *c'est la foule des con-
» noissances relatives à toutes les parties du gou-
» vernement, et plus encore la noble franchise
» de ces conseils donnés à un prince. C'est là
» qu'on jette un jour terrible dans les dédales de
» l'intrigue... Jamais homme qui devoit comman-*

---

*) Eloge de Fénélon, par M. l'abbé Maury, *p.* 22.

**) Eloge de Fénélon, par un anonyme, note *c*.

» der aux autres ne fut mis si fortement en garde » contre lui-même, non par des lieux communs » dont les redites oiseuses assoupissent plus » qu'elles ne réveillent sur le danger, mais par » des tableaux vrais, auxquels le sentiment » donne la couleur; mais par des détails circons- » tanciés, domestiques, personnels, qui font rou- » gir, trembler, rentrer en soi, et qui restent. »

Enfin l'orateur *) *à qui l'Académie a décerné le prix, s'est contenté d'un seul trait pour caractériser cet Ouvrage. « On peut l'appeler,* » dit-il, *l'Abrégé de la sagesse, et le Caté- » chisme des princes. »*

Ce que nous osons ajouter à ces éloges, c'est que les riches idées qu'ils présentent ne sauroient être surpassées que par la lecture de l'Ouvrage même.

On sait que ces Directions *furent l'un des fruits de la correspondance secrète de l'archevêque de Cambrai avec le duc de Bourgogne, petit-fils de Louis XIV; et tel fut l'usage que ce vertueux instituteur sut faire, dans sa disgrace, de la confiance que lui conservoit son auguste élève. Elles ont été publiées pour la première fois à la*

---

*) Eloge de Fénélon, par M. de la Harpe, *p.* 19.

Haye, en 1748, d'après une copie qui venoit de l'Hôtel de Beauvilliers.

Cette permière édition et les suivantes étant épuisées, c'est rendre un service essentiel à tous les peuples, que de ne point laisser manquer un Ouvrage composé pour leur bonheur. Ce motif seul auroit pu nous déterminer à le remettre sous les yeux du public : mais ce qui a surtout excité notre zèle, et ce qui doit faire recevoir avec un empressement tout nouveau l'édition que nous présentons aujourd'hui, c'est qu'elle paroît du consentement même de notre jeune MONARQUE. *Quel suffrage! et quelles espérances un sentiment si généreux ne doit-il pas faire concevoir!*

DIRECTIONS

DIRECTIONS

POUR

LA CONSCIENCE

D'UN ROI.

INTRODUCTION.

Personne ne souhaite plus que moi, Monseigneur, que vous soyez un très-grand nombre d'années loin des périls inséparables de la Royauté. Je le souhaite par zèle pour la conservation de la personne sacrée du Roi, si nécessaire à son Royaume, et de celle de Monseigneur le Dauphin. *) Je le souhaite pour le bien de l'État. Je le souhaite pour le vôtre même ; car un des plus grands malheurs qui vous pût arriver, seroit d'être maître des autres dans un âge où vous l'êtes encore si peu de vous-même. Mais, il faut vous préparer de loin

*) Louis de France, *Fils de* Louis XIV, *né à Fontainebleau le premier novembre* 1661, *et mort à Meudon le* 14 *avril* 1711.

aux dangers d'un état, dont je prie Dieu de vous préserver jusqu'à l'âge le plus avancé de la vie. La meilleure manière de faire connoître cet état à un Prince qui craint Dieu, et qui aime la Religion, c'est de lui faire un *Examen de Conscience* sur les devoirs de la Royauté : et c'est ce que je vais tâcher de faire.

Direction I.

Connoissez-vous assez toutes les vérités du Christianisme? Vous serez jugé sur l'Evangile comme le moindre de vos Sujets. Etudiez-vous vos devoirs dans cette loi Divine ? Souffririez-vous qu'un Magistrat jugeât tous les jours les peuples en votre nom, sans savoir vos lois et vos ordonnances qui doivent être la règle de ses jugemens? Espérez-vous que Dieu souffrira que vous ignoriez sa loi, suivant laquelle il veut que vous viviez et que vous gouverniez son peuple? Lisez-vous l'Évangile sans curiosité, avec une docilité humble, dans un esprit de pratique, et vous tournant contre vous-même pour vous condamner dans toutes les choses que cette loi reprendra en vous?

Direction II.

Ne vous êtes-vous point imaginé que l'Evangile ne doit point être la règle des Rois, comme celle de leurs sujets; que la politique les dispense d'être humbles, justes, sincères, modérés, compatissans, prêts à pardonner les injures? Quelque lâche et corrompu flatteur ne vous a-t-il point dit, et n'avez-vous point été bien-aise de croire que les Rois ont besoin de se gouverner, pour leurs États, par certaines maximes de hauteur, de dureté, de dissimulation, en s'élevant au-desssus des règles communes de la justice et de l'humanité?

Direction III.

N'avez-vous point cherché les conseillers en tout genre les plus disposés à vous flatter dans vos maximes d'ambition, de vanité, de faste, de mollesse, et d'artifice? N'avez-vous point eu peine à croire les hommes fermes et désintéressés, qui ne désirant rien de vous, et ne se laissant point éblouir par votre grandeur, vous auroient dit avec respect toutes vos vérités, et vous auroient contredit, pour vous empêcher de faire des fautes?

Direction IV.

N'avez-vous pas été bien-aise, dans les replis les plus cachés de votre cœur, de ne pas voir le bien que vous n'aviez pas envie de faire, parce qu'il vous en auroit trop coûté pour le pratiquer : et n'avez-vous point cherché des raisons pour excuser le mal auquel votre inclination vous portoit ?

Direction V.

N'avez-vous point négligé la prière pour demander à Dieu la connoissance de ses volontés sur vous ? Avez-vous cherché dans la prière la grâce pour profiter de vos lectures ? Si vous avez négligé de prier, vous vous êtes rendu coupable de toutes les ignorances où vous avez vécu, et que l'esprit de prière vous auroit ôtées. C'est peu de lire les vérités éternelles, si on ne prie pour obtenir le don de les bien entendre. N'ayant pas bien prié, vous avez mérité les ténèbres où Dieu vous a laissé sur la correction de vos défauts, et sur l'accomplissement de vos devoirs. Ainsi, la négligence, la tiédeur, et la distraction volontaire, dans la prière, qui passent pour l'ordinaire pour les plus légères de toutes les fautes, sont néanmoins la vraie source de l'ignorance et de l'aveuglement funeste où vivent la plupart des Princes ?

Direction VI.

Avez-vous choisi, pour votre Conseil de conscience, les hommes les plus pieux, les plus fermes, et les plus éclairés, comme on cherche les meilleurs généraux d'armée pour commander pendant la guerre, et les meilleurs médecins quand on est malade ? Avez-vous composé ce Conseil de conscience de plusieurs personnes, afin que l'une puisse vous préserver des préventions de l'autre ; parce que tout homme, quelque droit et habile qu'il puisse être, est toujours capable de prévention ? Avez-vous donné à ce Conseil une entière liberté de vous découvrir, sans adoucissement, toute l'étendue de vos obligations de conscience ?

Direction VII.

Avez-vous travaillé à vous instruire des lois, coutumes et usages du royaume ? Le Roi est le premier Juge de son État. C'est lui qui fait les lois : c'est lui qui les interprète dans le besoin. C'est lui qui juge souvent dans son Conseil, suivant les lois qu'il a établies, ou trouvées déjà établies avant son règne. C'est lui qui doit redresser tous les autres Juges. En un mot, sa fonction est d'être à la tête de ses armées pendant la guerre ; et comme la guerre ne doit jamais être faite qu'à regret, et le plus courtement qu'il est possible, et en vue d'une constante paix, il s'ensuit que la fonction de commander des armées n'est qu'une fonction passagère, forcée, et triste pour les bons Rois: au lieu que celle de juger les peuples, et de veiller sur tous les Juges, est leur fonction naturelle, essentielle, ordinaire, et inséparable de la royauté. Bien juger, c'est juger selon les lois. Pour juger selon les lois, il les faut savoir. Les savez-vous; et êtes-vous en état de redresser les Juges qui les ignorent? Connoissez-vous assez les principes de la Jurisprudence, pour être facilement au fait, quand on vous rapporte une affaire? Etes-vous en état de discerner, entre vos conseillers, ceux qui vous flattent d'avec ceux qui ne vous flattent pas; et ceux qui suivent religieusement les règles, d'avec ceux qui voudroient les plier d'une façon arbitraire selon leurs vues? Ne dites point que vous suivez la pluralité des voix; car, outre qu'il y a des cas de partage dans votre Conseil, où votre avis doit décider, ne fussiez-vous-là que comme un Président de compagnie; de plus, vous êtes-là le seul vrai Juge. Vos Conseillers d'État, ou Ministres, ne sont que de simples consulteurs: c'est vous seul qui décidez effectivement. La voix d'un seul homme de bien, éclairé, doit souvent être préférée à celle de dix Juges timides et foibles, ou entêtés et corrompus. C'est le cas où l'on doit plutôt peser que compter les voix.

Direction VIII.

Avez-vous étudié la vraie forme du Gouvernement de votre royaume ? Il ne suffit pas de savoir les lois qui réglent la propriété des terres et autres biens, entre les particuliers : c'est, sans doute, la moindre partie de la justice. Il s'agit de celle que vous devez garder entre votre nation et vous, entre vous et vos voisins. Avez-vous étudié sérieusement ce qu'on nomme le *Droit des Gens* : droit, qu'il est d'autant moins permis à un Roi d'ignorer, que c'est le droit qui règle sa conduite dans ses plus importantes fonctions ; et que ce droit se réduit aux principes les plus évidens du droit naturel pour le genre humain ? Avez-vous étudié les lois fondamentales, et les coutumes constantes, qui ont force de loi pour le gouvernement de votre nation particulière ? Avez-vous cherché à connoître, sans vous flatter, quelles sont les bornes de votre autorité ? Savez-vous par quelles formes le royaume s'est gouverné sous les diverses races ? Ce que c'étoit que les anciens Parlemens, et les États-Généraux qui leur ont succédé ; quelle étoit la subordination des fiefs ; comment les choses ont passé à l'état présent ; sur quoi ce changement est fondé ; ce que c'est que la puissance arbitraire ; et ce que c'est que la royauté réglée par les lois, milieu entre ces deux extrémités ? Souffririez-vous qu'un juge jugeât sans savoir l'Ordonnance, et qu'un général d'armée commandât sans savoir l'art militaire ? Croyez-vous que Dieu souffre que vous régniez, si vous régnez sans être instruit de ce qui doit borner et régler votre puissance ? Il ne faut donc pas regarder l'étude de l'histoire, des mœurs, et de tout le détail de l'ancienne forme du gouvernement, comme une curiosité indifférente, mais comme un devoir essentiel de la royauté.

DIRECTION IX.

Il ne suffit pas de savoir le passé : il faut connoître le présent. Savez-vous le nombre d'hommes qui composent votre nation ; combien d'hommes, combien de femmes, combien de laboureurs, combien d'artisans, combien de praticiens, combien de commerçans, combien de prêtres et de religieux, combien de nobles et de militaires ? Que diroit-on d'un berger qui ne sauroit pas le nombre de son troupeau ? Il est aussi facile à un Roi de savoir le nombre de son peuple : il n'a qu'à le vouloir. Il doit savoir s'il y a assez de laboureurs ; s'il y a à proportion trop d'autres artisans, trop de praticiens, trop de militaires, à la charge de l'État.

Il doit connoître le naturel des habitans des différentes provinces, leurs principaux usages, leurs franchises, leur commerce, et les lois de leurs divers trafics au-dedans et au-dehors du royaume. Il doit savoir quels sont les divers Tribunaux établis en chaque province, les droits des charges, les abus de ces charges, etc. autrement, il ne saura point la valeur de la plupart des choses qui passeront devant ses yeux. Ses ministres lui en imposeront sans peine à toute heure : il croira tout voir, et ne verra qu'à demi. Un Roi ignorant sur toutes ces choses, n'est qu'à demi Roi. Son ignorance le met hors d'état de redresser ce qui est de travers. Son ignorance fait plus de mal que la corruption des hommes qui gouvernent sous lui.

Direction X.

On dit d'ordinaire aux Rois, qu'ils ont moins à craindre leurs vices particuliers, que les défauts auxquels ils s'abandonnent dans les fonctions royales. Pour moi, je dis hardiment le contraire : et je soutiens, que toutes leurs fautes dans la vie privée sont d'une conséquence infinie pour la royauté. Examinez donc vos mœurs en détail. Les sujets sont de serviles imitateurs de leurs princes ; surtout dans les choses qui flattent leurs passions. Leur avez-vous donné le mauvais exemple d'un amour déshonnête et criminel? Si vous l'avez fait, votre autorité a mis en honneur l'infamie : vous avez rompu la barrière de l'honneur et de l'honnêteté : vous avez fait triompher le vice et l'impudence : vous avez appris à tous vos sujets à ne rougir plus de ce qui est honteux : leçon funeste, qu'ils n'oublieront jamais ! *Il vaudroit mieux*, dit Jésus-Christ, *être jeté avec une meule de moulin au col, au fond des abîmes de la mer*, *que d'avoir scandalisé le moindre des petits.* Quel est donc le scandale d'un Roi, qui montre le vice assis avec lui sur son trône, non-seulement à tous ses sujets, mais encore à toutes les cours, et à toutes les nations du monde connu ! Le vice est par lui-même un poison contagieux. Le genre humain est toujours prêt à recevoir cette contagion : il ne tend, par ses inclinations, qu'à secouer le joug de toute pudeur. Une étincelle cause un incendie. Une action d'un Roi fait souvent une multiplication et un enchaînement de crimes, qui s'étendent jusqu'à plusieurs nations et à plusieurs siècles. N'avez-vous point donné de ces mortels exemples ? Peut-être croyez-vous que vos désordres ont été secrets. Non, le mal n'est jamais secret dans les princes. Le bien peut y être secret ; car on a grande peine à le croire véritable en eux : mais pour le mal, on le devine, on le croit sur les moindres soupçons. Le public pénètre tout : et souvent pendant que le prince se flatte que ses foiblesses sont ignorées, il est le seul qui ignore combien elles sont l'objet de la plus maligne critique. En lui, tout commerce équivoque est sujet à explication : toute apparence de galanterie, tout air passionné ou amusé, cause un scandale, et porte coup jusqu'à altérer les mœurs de toute une nation.

Direction XI.

N'avez-vous point autorisé une liberté immodeste dans les femmes ? Ne les admettez-vous dans votre cour, que pour le vrai besoin ? N'y sont-elles qu'auprès de la Reine, ou des princesses de votre maison ? Choisissez-vous pour ces places, des femmes d'un âge mûr, et d'une vertu éprouvée ? Excluez-vous de ces places, les jeunes femmes d'une beauté qui seroit un piège pour vous et pour vos courtisans ? Il vaut mieux que de telles personnes demeurent dans une vie retirée, au milieu de leur famille, loin de la cour. Avez-vous exclu de votre cour toutes les dames qui n'y sont point nécessaires dans les places auprès des princesses ? Avez-vous soin de faire ensorte, que les princesses elles-mêmes soient modestes, retirées, et d'une conduite régulière en tout? En diminuant le nombre des femmes de la cour, et en les choisissant le mieux que vous pouvez, avez-vous soin d'écarter celles qui introduisent des libertés dangereuses, et d'empêcher que les courtisans corrompus ne les voient en particulier, hors des heures où toute la cour se rassemble? Toutes ces précautions paroissent maintenant des scrupules et des sévérités outrées: mais, si on remonte aux temps qui ont précédé François Ier, on trouvera qu'avant la licence scandaleuse introduite par ce prince, les femmes de la première condition, surtout celles qui étoient jeunes et belles, n'alloient point à la cour. Tout au plus elles y paroissoient très-rarement, pour aller rendre leurs devoirs à la Reine: ensuite, leur honneur étoit de demeurer à la campagne dans leur famille. Ce grand nombre de femmes, qui vont librement partout à la cour, est un abus monstrueux, auquel a on accoutumé la nation. N'avez-vous point autorisé cette pernicieuse coutume? N'avez-vous point attiré ou conservé par quelque distinction dans votre cour quelque femme d'une conduite actuellement suspecte, ou du moins qui a autrefois mal édifié le monde? Ce n'est point à la cour que ces personnes profanes doivent faire pénitence: qu'elles l'aillent faire dans des retraites, si elles sont libres ; ou dans leurs familles, si elles sont attachées au monde par leurs maris encore vivans. Mais écartez de votre cour tout ce qui n'a pas été régulier ; puisque vous avez à choisir parmi toutes les femmes de qualité de votre royaume, pour remplir les places.

Direction XII.

Avez-vous soin de réprimer le luxe, et d'arrêter l'inconstance ruineuse des modes ? C'est ce qui corrompt la plupart des femmes. Elles se jettent à la cour dans des dépenses qu'elles ne peuvent soutenir sans crime. Le luxe augmente en elles la passion de plaire : et leur passion pour plaire se tourne principalement à tendre des piéges au Roi. Il faudroit qu'il fût insensible et invulnérable, pour résister à toutes ces femmes pernicieuses qu'il tient autour de lui : c'est une occasion toujours prochaine à laquelle il s'expose. N'avez-vous point souffert que les personnes les plus vaines et les plus prodigues, aient inventé de nouvelles modes pour augmenter les dépenses ? N'avez-vous pas vous-même contribué à un si grand mal, par une magnificence excessive ? Quoique vous soyez Roi, vous devez éviter tout ce qui coûte beaucoup, et que d'autres voudroient avoir comme vous. Il est inutile d'alléguer que nul de vos sujets ne doit se permettre un extérieur qui ne convient qu'à vous : les princes qui vous touchent de près, voudront faire à peu près ce que vous faites; les grands seigneurs se piqueront d'imiter les princes ; les gentilshommes voudront être comme les seigneurs; les financiers surpasseront les seigneurs mêmes, et tous les bourgeois voudront marcher sur les traces des financiers, qu'ils ont vus sortir de la boue.

Personne ne se mesure et ne se fait justice : de proche en proche le luxe passe, comme par une nuance imperceptible, de la plus haute condition à la lie du peuple. Si vous avez de la broderie, bientôt tout le monde en portera. Le seul moyen d'arrêter tout court le luxe, c'est de donner vous-même l'exemple que Saint Louis donnoit d'une grande simplicité. L'avez-vous donné en tout, cet exemple si nécessaire? Il ne suffit pas de le donner en habits, il faut le donner en meubles, en équipages, en table, en bâtimens, en terres, en jardins, en parcs, etc. Sachez comment les Rois vos prédécesseurs étoient logés et meublés; sachez quels étoient leurs repas et leurs voitures; et vous serez étonné des prodiges de luxe où nous sommes tombés. Il y a aujourd'hui plus de carosses à six chevaux dans Paris, qu'il n'y avoit de mules il y a cent ans. Chacun n'avoit point sa chambre : une seule chambre avec plusieurs lits, suffisoit pour plusieurs personnes. Maintenant chacun ne se peut plus passer d'appartemens vastes, et d'enfilades. Chacun veut avoir des jardins où l'on renverse toute la terre, des jets d'eau, des statues, des parcs sans bornes, des maisons dont l'entretien surpasse le revenu des terres où elles sont situées. D'où tout cela vient-il ? De l'exemple que les uns prennent sur les autres. L'exemple seul peut redresser les mœurs de toute la nation. Nous voyons même que la folie de nos modes est contagieuse chez tous nos voisins. Toute l'Europe, si jalouse de la France, ne peut s'empêcher de se soumettre sérieusement à nos lois, dans ce que nous avons de plus frivole et de plus pernicieux. Encore une fois, telle est la force de l'exemple du prince, qu'il peut lui seul, par sa modération, ramener au bon sens ses propres peuples et les peuples voisins. Puisqu'il le peut, il le doit sans doute. L'avez-vous fait ?

Direction XIII.

N'avez-vous point donné un mauvais exemple, ou par des paroles trop libres, ou par des railleries piquantes, ou par des manières indécentes de parler sur la religion ? Les courtisans sont de serviles imitateurs, qui font gloire d'avoir tous les défauts du prince. Avez-vous repris l'irréligion jusques dans les moindres mots par lesquels on vouloit l'insinuer? Avez-vous fait sentir votre sincère indignation contre l'impiété? N'avez-vous rien laissé de douteux là-dessus? N'avez-vous jamais été retenu par une mauvaise honte qui vous ait fait rougir de l'Evangile? Avez-vous montré par vos discours et par vos actions, votre foi sincère, et votre zèle pour le christianisme? Vous êtes-vous servi de votre autorité pour rendre l'irréligion muette? Avez-vous écarté avec horreur les plaisanteries malhonnêtes, les discours équivoques, et toutes les autres marques de libertinage?

Direction XIV.

N'avez-vous rien pris à aucun de vos sujets par pure autorité et contre les règles? L'avez-vous dédommagé, comme un particulier l'auroit fait, quand vous avez pris sa maison, ou enfermé son champ dans votre parc, ou supprimé sa charge, ou éteint sa rente? Avez-vous examiné à fond les vrais besoins de l'Etat, pour les comparer avec l'inconvénient des taxes, avant que de charger vos peuples? Avez-vous consulté, sur une si importante question, les hommes les plus éclairés, les plus zélés pour le bien public, et les plus capables de vous dire la vérité sans flatterie ni mollesse? N'avez-vous point appelé *nécessité de l'État*, ce qui ne servoit qu'à flatter votre ambition, comme une guerre pour faire des conquêtes, ou pour acquérir de la gloire? N'avez-vous point appelé *besoins de l'État* vos propres prétentions? Si vous aviez des prétentions personnelles pour quelque succession dans les états voisins, vous deviez soutenir cette guerre sur votre domaine, sur vos épargnes, sur vos emprunts personnels; ou du moins, ne prendre à cet égard que les secours qui vous auroient été donnés par la pure affection de vos peuples; et non pas les accabler d'impôts, pour soutenir des prétentions qui n'intéressent point vos sujets: car ils n'en seront pas plus heureux, quand vous aurez une province de plus. Quand Charles VIII alla à Naples, pour recueillir la succession de la maison d'Anjou, il entreprit cette guerre à ses dépens: l'Etat ne se crut point obligé aux frais de cette entreprise. Tout au plus, vous pourriez recevoir, en de telles occasions, les dons des peuples faits par affection et par rapport à la liaison qui est entre les intérêts d'une nation zélée et d'un Roi qui la gouverne en père. Mais selon cette vue, vous seriez bien éloigné d'accabler les peuples d'impôts pour votre intérêt particulier.

DIRECTION XV.

N'avez-vous point toléré des injustices lors même que vous vous êtes abstenu d'en faire? Avez-vous choisi avec assez de soin toutes les personnes que vous avez mises en autorité, les intendans, les gouverneurs, les ministres, etc. N'en avez-vous choisis aucun par condescendance pour ceux qui vous les proposoient, ou par un secret désir qu'ils poussassent au-delà des vraies bornes votre autorité, ou vos revenus? Vous êtes-vous informé de leur administration? Avez-vous fait entendre que vous étiez prêt à écouter des plaintes contre eux, et à en faire bonne justice? L'avez-vous faite quand vous avez découvert leurs fautes? N'avez-vous point donné ou laissé prendre à vos ministres des profits excessifs que leurs services n'avoient point mérités? Les récompenses que le prince donne à ceux qui servent sous lui, doivent toujours avoir certaines bornes. Il n'est point permis de leur donner des fortunes qui surpassent celles des gens de la plus haute condition, ni qui soient disproportionnées aux forces présentes de l'État. Un ministre, quelque service qu'il ait rendu, ne doit point parvenir tout-à-coup à des biens immenses, pendant que les peuples souffrent, et que les princes et les seigneurs du premier rang sont à l'étroit. Il est encore moins permis de donner de telles fortunes à des favoris, qui d'ordinaire ont encore moins servi l'État que les ministres.

Direction XVI.

Avez-vous donné à tous les commis des bureaux de vos ministres, et aux autres personnes qui remplissent les emplois subalternes, des appointemens raisonnables pour pouvoir subsister honnêtement sans rien prendre des expéditions ? En même temps, avez-vous réprimé le luxe et l'ambition de ces gens-là ? Si vous y avez manqué, vous êtes responsable de toutes les exactions secrètes qu'ils ont faites dans leurs fonctions. D'un côté, ils n'entrent dans ces places qu'en comptant qu'ils y vivront avec éclat, et qu'ils y feront de promptes fortunes. D'un autre côté, ils n'ont d'ordinaire en appointemens que le tiers de l'argent qu'il leur faut pour la dépense honorable qu'ils font avec leurs familles. Ils n'ont d'ordinaire aucun bien par leur naissance : que voulez-vous qu'ils fassent ? Vous les mettez dans une espèce de nécessité de prendre en secret tout ce qu'ils peuvent attraper sur l'expédition des affaires. Cela est évident : et c'est fermer les yeux de mauvaise foi, que de ne le pas voir. Il faudroit que vous leur donnassiez davantage, et que vous les empêchassiez de se mettre sur un trop haut pied.

Direction XVII.

Avez-vous cherché les moyens de soulager les peuples, et de ne prendre sur eux que ce que les vrais besoins de l'État vous ont contraint de prendre pour leur propre avantage ? Le bien des peuples ne doit être employé qu'à la vraie utilité des peuples mêmes. Vous avez votre domaine qu'il faut retirer et liquider : il est destiné à la subsistance de votre maison. Vous devez modérer cette dépense ; surtout quand vos revenus de domaine sont engagés, et que les peuples sont épuisés. Les subventions des peuples doivent être employées pour les vraies charges de l'État. Vous devez vous étudier à retrancher dans les temps de pauvreté publique, toutes les charges qui ne sont pas d'une absolue nécessité. Avez-vous consulté les personnes les plus habiles et les mieux intentionnées, qui peuvent vous instruire de l'état des provinces, de la culture des terres, de la fertilité des années dernières, de l'état du commerce, etc. pour savoir ce que l'État peut payer sans souffrir ? Avez-vous réglé là-dessus les impôts de chaque année ? Avez-vous écouté favorablement les remontrances des gens de bien ? Loin de les réprimer , les avez-vous cherchées et prévenues , comme un bon Prince le doit faire ? Vous savez qu'autrefois le Roi ne prenoit jamais rien sur ses peuples par sa seule autorité : c'étoit le Parlement, c'est-à-dire, l'assemblée de la nation qui lui accordoit les fonds nécessaires pour les besoins extraordinaires de l'État : hors de ce cas , il vivoit de son domaine. Qu'est-ce qui a changé cet ordre sinon l'autorité absolue que les Rois ont prise ? De nos jours on voyoit encore les Parlemens , qui sont des Compagnies infiniment inférieures aux anciens Parlemens ou États de la nation, faire des remontrances pour n'enregistrer pas les édits bursaux. Du moins devez-vous n'en faire aucun sans avoir bien consulté des personnes incapables de vous flatter , et qui aient un véritable zèle pour le bien public. N'avez-vous point mis sur les peuples de nouvelles charges pour soutenir vos dépenses superflues , le luxe de votre table , de vos équipages et de vos meubles , l'embellissement de vos jardins et de vos maisons, les grâces excessives que vous avez prodiguées à vos favoris ?

Direction XVIII.

N'avez-vous point multiplié les charges et les offices, pour tirer de leur création de nouvelles sommes ? De telles créations ne sont que des impôts déguisés : elles tournent toutes à l'oppression des peuples, et elles ont trois inconvéniens que les simples impôts n'ont pas. I. Elles sont perpétuelles, dès qu'on n'en fait pas le remboursement : et si on en fait le remboursement, ce qui est ruineux pour vos sujets, on recommence bientôt ces créations. II. Ceux qui achètent ces offices créés, veulent retrouver au plutôt leur argent avec usure ; et vous leur livrez le peuple pour l'écorcher. Pour cent mille francs qu'on vous donnera, par exemple, sur une création d'offices, il en coûtera aux peuples cinq cents mille francs de vexations, qu'il souffrira sans remède. III. Vous ruinez par ces multiplications d'offices, la bonne police de l'Etat. Vous rendez la justice de plus en plus vénale ; vous rendez la réforme de plus en plus impraticable : vous obérez toute la Nation ; car ces trois créations deviennent des espèces de dettes de la Nation entière : enfin, vous réduisez tous les arts et toutes les fonctions, à des monopoles qui gâtent et abâtardissent tout. N'avez-vous point à vous reprocher de telles créations, dont les suites seront pernicieuses pendant plusieurs siècles ? Le plus sage et le meilleur de tous les Rois, dans un règne paisible de cinquante ans, ne pourroit raccommoder ce qu'un Roi peut avoir fait de maux par ces sortes de créations en dix ans de guerre. N'avez-vous pas été trop faciles envers des courtisans, qui, sous prétexte d'épargner vos finances dans les récompenses qu'ils vous ont demandées, vous ont proposé ce qu'on appelle des *affaires*? Ces affaires sont toujours des impôts déguisés sur le peuple, qui troublent la police, qui énervent la justice, qui dégradent les arts, qui gênent le commerce, qui chargent le public pour contenter en peu de temps l'avidité d'un courtisan fastueux et prodigue. Renvoyez vos courtisans passer quelques années dans leurs terres pour raccommoder leurs affaires. Apprenez-leur à vivre avec frugalité. Montrez-leur que vous n'estimez que ceux qui vivent avec règle et qui gouvernent bien leurs affaires. Témoignez du mépris pour ceux qui se ruinent follement. Par là vous leur ferez plus de bien, sans qu'il en coûte un sou ni à vous ni à vos peuples, que si vous leur prodiguiez tout le bien public.

Direction XIX.

N'avez-vous jamais toléré et voulu ignorer que vos Ministres aient pris le bien des particuliers pour votre usage, sans payer sa juste valeur, ou du moins retardant le payement du prix, en sorte que ce rétardement ait porté dommage aux vendeurs forcés? C'est ainsi que des Ministres prennent des maisons de particuliers, pour les enfermer dans les palais des Rois ou dans leurs fortifications. C'est ainsi qu'on dépossède les propriétaires de leurs seigneuries, ou fiefs, ou héritages, pour les mettre dans des parcs. C'est ainsi qu'on établit des capitaineries de chasse, où les capitaines, accrédités auprès du prince, ôtent la chasse aux seigneurs dans leurs propres terres, jusqu'à la porte de leurs châteaux, et font mille vexations au pays. Le prince n'en sait rien, et peut-être n'en veut rien savoir. C'est à vous à savoir le mal qu'on fait par votre autorité : informez-vous de la vérité. Ne souffrez point qu'on pousse trop loin votre autorité : écoutez favorablement ceux qui vous en représentent les bornes : choisissez des ministres qui osent vous dire en quoi on la pousse trop loin : écartez les ministres durs, hautains et entreprenans.

Direction XX.

Dans les conventions que vous faites avec les particuliers, êtes-vous juste comme si vous étiez égal avec celui avec qui vous traitez? Est-il libre avec vous comme avec un de ses voisins? N'aime-t-il pas mieux souvent perdre, pour se racheter et pour se délivrer, que de soutenir son droit? Vos fermiers, vos traitans, vos intendans, etc. ne tranchent-ils pas avec une hauteur que vous n'auriez pas vous-même, et n'étouffent-ils pas la voix du foible qui voudroit se plaindre? Ne donnez-vous pas souvent à l'homme avec qui vous contractez, des dédommagemens en rentes, en engagemens sur votre domaine, en charges de nouvelle création, qu'un coup de plume de votre successeur peut lui retrancher, parce que les Rois sont toujours mineurs, et que leur domaine est inaliénable? Ainsi on ôte aux particuliers leur patrimoine assuré, pour leur donner ce qui leur sera ôté dans la suite, avec une ruine inévitable de leurs familles.

Direction XXI.

N'avez-vous point accordé aux traitans, pour hausser leurs fermes, des édits, ou déclarations, ou arrêts, avec des termes ambigus, pour étendre vos droits aux dépens du commerce, et même pour tendre des piéges aux marchands, et pour confisquer leurs marchandises, ou du moins les fatiguer et les gêner dans leur commerce, afin qu'ils se rachètent par quelque somme? C'est faire tort aux marchands, et au public, dont on anéantit peu-à-peu par-là tout le négoce.

Direction XXII.

N'avez-vous point toléré des enrôlemens qui ne fussent pas véritablement libres? Il est vrai que les peuples se doivent à la défense de l'État : mais les princes ne doivent faire que des guerres justes, et absolument nécessaires : mais il faudroit qu'on choisît en chaque village les jeunes hommes libres, dont l'absence ne nuiroit en rien, ni au labourage, ni au commerce, ni aux autres arts nécessaires, et qui n'ont point de famille à nourrir : mais il faudroit une fidélité inviolable à leur donner leur congé après un petit nombre d'années de service; en sorte que d'autres vinssent les relever et servir à leur tour. Mais laisser prendre des hommes sans choix, et malgré eux ; faire languir et souvent périr toute une famille abandonnée par son chef; arracher le laboureur de sa charrue, le tenir dix ou quinze ans dans le service, où il périt souvent de misère dans des hôpitaux dépourvus des secours nécessaires ; c'est ce que rien ne peut excuser, ni devant Dieu, ni devant les hommes.

Direction XXIII.

Avez-vous eu soin de faire délivrer chaque galérien d'abord après le terme réglé par la justice pour sa punition. L'état de ces hommes est affreux : rien n'est plus inhumain, que de le prolonger au-delà du terme. Ne dites point qu'on manqueroit d'hommes pour la Chiourme, si on observoit cette justice : la justice est préférable à la Chiourme. Il ne faut compter pour vraie et réelle puissance, que celle que vous avez sans blesser la justice, et sans prendre ce qui n'est pas à vous.

Direction XXIV.

Donnez-vous à vos troupes la paye nécessaire pour vivre sans piller ? Si vous ne le faites point, vous mettez vos troupes dans une nécessité évidente de commettre les pillages et les violences que vous faites semblant de leur défendre. Les punirez-vous, pour avoir fait ce que vous savez bien qu'ils ne peuvent pas s'empêcher de faire, et faute de quoi votre service seroit nécessairement d'abord abandonné ? D'un autre côté, ne les punirez-vous point, lorsqu'ils commettront publiquement des brigandages contre vos défenses ? Rendrez-vous les lois méprisables, et souffrirez-vous qu'on se joue si indignement de votre autorité ? Serez-vous manifestement contraire à vous-même ; et votre autorité ne sera-t-elle qu'un jeu trompeur, pour paroître réprimer les désordres, et pour vous en servir à toute heure? Quelle discipline et quel ordre y a-t-il à espérer dans des troupes où les officiers ne peuvent vivre qu'en pillant les sujets du Roi, qu'en violant à toute heure ses ordonnances, qu'en prenant par force, et par tromperie, des hommes pour les enrôler; et où les soldats mourroient de faim, s'ils ne méritoient pas tous les jours d'être pendus?

Direction XXV.

N'avez-vous point fait quelque injustice aux nations étrangères? On pend un pauvre malheureux, pour avoir volé une pistole sur le grand chemin, dans son besoin extrême : et on traite de héros un homme qui fait la conquête, c'est-à-dire, qui subjugue injustement les pays d'un état voisin. L'usurpation d'un pré, ou d'une vigne, est regardée comme un péché irrémissible au jugement de Dieu, à moins qu'on ne restitue : et on compte pour rien l'usurpation des villes et des provinces. Prendre un champ à un particulier est un grand péché : prendre un grand pays à une nation est une action innocente et glorieuse! Où sont donc les idées de justice? Dieu, jugera-t-il ainsi? *Existimasti iniquè quod ero tui similis.* Doit-on moins être juste en grand, qu'en petit? La justice n'est-elle plus justice, quand il s'agit des plus grands intérêts ? Des millions d'hommes qui composent une nation sont-ils moins nos frères qu'un seul homme ? N'aura-t-on aucun scrupule de faire à des millions d'hommes pour un pays entier, l'injustice qu'on n'oseroit faire pour un pré à un homme seul ? Tout ce qui est pris par pure conquête est donc pris très-injustement, et doit être restitué. Tout ce qui est pris dans une guerre, entreprise sur un mauvais fondement, est de même. Les traités de paix ne couvrent rien, lorsque vous êtes le plus fort, et que vous réduisez vos voisins à signer le traité pour éviter de plus grands maux : alors ils signent comme un particulier donne sa bourse à un voleur qui lui tient le pistolet sur la gorge.

La guerre que vous avez commencée mal-à-propos, et que vous avez soutenue avec succès, loin de vous mettre en sûreté de conscience, vous engage, non-seulement à la restitution des pays usurpés, mais encore à la réparation de tous les dommages causés sans raison à vos voisins.

Pour les traités de paix, il faut les compter nuls, non-seulement dans les choses injustes que la violence a fait passer, mais encore dans celles où vous pourriez avoir mêlé quelque artifice et quelque terme ambigu, pour vous en prévaloir dans les occasions favorables. Votre ennemi est votre frère : vous ne pouvez l'oublier sans oublier l'humanité. Il ne vous est jamais permis de lui faire du mal, quand vous pouvez l'éviter sans vous nuire : et vous ne pouvez jamais chercher aucun avantage contre lui par les armes que dans l'extrême nécessité. Dans les traités, il ne s'agit plus d'armes ni de guerre : il ne s'agit que de paix, de justice, d'humanité et de bonne foi. Il est encore plus infâme et plus criminel de tromper dans un traité de paix avec un peuple voisin, que de tromper dans un contrat avec un particulier. Mettre dans un traité des termes ambigus et captieux, c'est préparer des semences de guerre pour l'avenir : c'est mettre des caques de poudre sous les maisons où l'on habite.

Direction XXVI.

Quand il a été question d'une guerre, avez-vous d'abord examiné et fait examiner votre droit par les personnes les plus intelligentes et les moins flatteuses pour vous? Vous êtes-vous défié des conseils de certains Ministres, qui ont intérêt de vous engager à la guerre, ou qui du moins cherchent à flatter vos passions, pour tirer de vous de quoi contenter les leurs? Avez-vous cherché toutes les raisons qui pouvoient être contre vous ? Avez-vous écouté favorablement ceux qui les ont approfondies ? Vous êtes-vous donné le temps de savoir les sentimens de tous vos plus sages conseillers, sans les prévenir ?

N'avez-vous point regardé votre gloire personnelle comme une raison d'entreprendre quelque chose, de peur de passer votre vie sans vous distinguer des autres princes ? comme si les princes pouvoient trouver quelque gloire solide à troubler le bonheur des peuples, dont ils doivent être les pères ! comme si un père de famille pouvoit être estimable par les actions qui rendent ses enfans malheureux ! comme si un Roi avoit quelque gloire à espérer ailleurs que dans sa vertu, c'est-à-dire, dans sa justice, et dans le bon gouvernement de son peuple ! N'avez-vous point cru que la guerre étoit nécessaire, pour acquérir des places qui étoient à votre bienséance, et qui feroient la sûreté de votre frontière ? Etrange règle ! par les convenances, on ira de proche en proche jusqu'à la Chine.

Pour la sûreté d'une frontière, on la peut trouver sans prendre le bien d'autrui. Fortifiez vos propres places, et n'usurpez point celles de vos voisins. Voudriez-vous qu'un voisin vous prît tout ce qu'il croiroit commode pour sa sûreté ? Votre sûreté n'est point un titre de propriété sur le bien d'autrui. La vraie sûreté pour vous, c'est d'être juste : c'est de conserver de bons alliés, par une conduite droite et modérée : c'est d'avoir un peuple nombreux, bien nourri, bien affectionné et bien discipliné. Mais qu'y a-t-il de plus contraire à votre sûreté, que de faire éprouver à vos voisins qu'ils n'en peuvent jamais trouver aucune avec vous, et que vous êtes toujours prêt à prendre sur eux tout ce qui vous accommode ?

Direction XXVII.

Avez-vous bien examiné si la guerre dont il s'agissoit étoit nécessaire à vos peuples ? Peut-être ne s'agissoit-il que de quelque prétention qui vous regardoit personnellement, vos peuples n'y ayant aucun intérêt réel. Que leur importe que vous ayez une province de plus ? Ils peuvent, par affection pour vous, si vous les traitez en père, faire quelque effort pour vous aider à recueillir les successions d'États qui vous sont dues légitimement ; mais, pouvez-vous les accabler d'impôts malgré eux, pour trouver les fonds nécessaires à une guerre qui ne leur est utile en rien ? Bien plus, supposé même que cette guerre regarde précisément l'État, vous avez dû regarder si elle est plus utile

utile que dommageable. Il faut comparer les fruits qu'on en peut tirer, ou du moins les maux qu'on pourroit craindre si on ne la faisoit pas, avec les inconvéniens qu'elle entraînera après elle.

Toute compensation exactement faite, il n'y a presque point de guerre, même heureusement terminée, qui ne fasse beaucoup plus de mal que de bien à un Etat. On n'a qu'à considérer combien elle ruine de familles, combien elle fait périr d'hommes, combien elle ravage et dépeuple de pays, combien elle dérègle un État, combien elle y renverse les lois, combien elle autorise la licence, combien il faudroit d'années pour réparer ce que deux ans de guerre causent de maux contraires à la bonne politique dans un Etat. Tout homme sensé, et qui agiroit sans passion, entreprendroit-il le procès le mieux fondé selon les lois, s'il étoit assuré que ce procès, même en le gagnant, feroit plus de mal que de bien à la nombreuse famille dont il est chargé ?

Cette juste compensation des biens et des maux de la guerre détermineroit toujours un bon Roi à éviter la guerre, à cause de ses funestes suites : car, où sont les biens qui puissent contrebalancer tant de maux inévitables, sans parler des périls des mauvais succès ? Il ne peut y avoir qu'un seul cas où la guerre, malgré tous ses maux, devient nécessaire. C'est le cas où l'on ne pourroit l'éviter qu'en donnant trop de prise et d'avantage à un ennemi injuste, artificieux, et trop puissant. Alors en voulant par foiblesse éviter la guerre, on y tomberoit encore plus dangereusement : on feroit une paix qui ne seroit pas une paix, et qui n'en auroit que l'apparence trompeuse. Alors, il faut malgré soi faire vigoureusement la guerre, par le désir sincère d'une bonne et constante paix. Mais, ce cas unique est plus rare qu'on ne s'imagine : et souvent on le croit réel, qu'il est très-chimérique.

Quand un Roi est juste, sincère, inviolablement fidèle à tous ses alliés, et puissant dans son pays par un sage gouvernement, il a de quoi bien réprimer les voisins inquiets et injustes qui veulent l'attaquer. Il a l'amour de ses peuples, et la confiance de ses voisins. Tout le monde est intéressé à le soutenir. Si sa cause est juste, il n'a qu'à prendre toutes les voies les plus douces avant de commencer la guerre. Il peut, étant déjà puissamment armé, offrir de croire certains voisins neutres et désintéressés, prendre quelque chose sur lui pour la paix, éviter tout ce qui aigrit les esprits, et tenter toutes les voies d'accommodement. Si tout cela est inutile, et ne sert de rien, il en fera la guerre avec plus de confiance en la protection de Dieu, avec plus de zèle de ses sujets, avec plus de secours de ses alliés; mais il arrivera très-rarement qu'il soit réduit à faire la guerre dans de telles circonstances. Les trois quarts des guerres ne s'engagent que par hauteur, par finesse, par avidité, par précipitation.

Direction XXVIII.

Avez-vous été fidèle à tenir parole à vos ennemis pour les capitulations, pour les cartels, etc? Il y a les lois de la guerre, qu'il ne faut pas moins religieusement garder, que celles de la paix. Lors même qu'on est en guerre, il reste un certain droit des gens, qui est le fond de l'humanité même. C'est un lien sacré et inviolable entre les peuples, que nulle guerre ne peut rompre; autrement la guerre ne seroit plus qu'un brigandage inhumain, qu'une suite perpétuelle de trahisons, d'assassinats, d'abominations et de barbaries. Vous ne devez faire à vos ennemis, que ce que vous croyez qu'ils ont droit de vous faire. Il y a les violences et les ruses de guerre qui sont réciproques, et auxquelles chacun s'attend. Pour tout le reste, il faut une bonne foi et une humanité entière. Il n'est pas permis de rendre fraude pour fraude. Il n'est point permis, par exemple, de donner des paroles en vue d'en manquer, parce qu'on vous en a donné auxquelles on a manqué ensuite.

D'ailleurs, pendant la guerre entre deux nations indépendantes l'une de l'autre, la Couronne la plus noble ou la plus puissante ne doit point se dispenser de subir avec égalité toutes les lois communes de la guerre. Un prince qui joue avec un particulier, ne doit pas moins observer que lui toutes les lois du jeu : dès qu'il joue avec lui, il devient son égal, pour le jeu seulement. Le prince le plus élevé et le plus puissant doit se piquer d'être le plus fidèle à suivre toutes les règles pour les contributions qui mettent ses peuples à couvert des captures, des massacres, des incendies ; pour les cartels, pour les capitulations, etc.

Direction XXIX.

Il ne suffit pas de garder les capitulations à l'égard des ennemis : il faut encore les garder religieusement à l'égard des peuples conquis. Comme vous devez tenir parole à la garnison d'une ville prise, et n'y faire aucune supercherie sur des termes ambigus : tout de même, vous devez tenir parole au peuple de cette ville et de ses dépendances. Qu'importe à qui vous ayez promis des conditions pour ce peuple ? Que ce soit à lui, où à la garnison, tout cela est égal. Ce qui est certain, c'est que vous avez promis des conditions pour ce peuple : c'est à vous à les garder inviolablement. Qui pourra se fier à vous, si vous y manquez ? qu'y aura-t-il de sacré, si une promesse si solennelle ne l'est pas ? C'est un contrat fait avec ces peuples pour les rendre vos sujets : commencerez-vous par violer votre titre fondamental ? Ils ne vous doivent obéissance que suivant ce contrat ; et, si vous le violez, vous ne méritez plus qu'ils l'observent.

Direction XXX.

Pendant la guerre, n'avez-vous point fait de maux inutiles à vos ennemis ? Ces ennemis sont toujours hommes, et toujours vos frères. Si vous êtes vrai homme, vous ne devez leur faire que les maux que vous ne pouvez vous dispenser de leur faire, pour vous garantir de ceux qu'ils vous préparent, et pour les réduire à une juste paix. N'avez-vous point inventé et introduit à pure perte, et par passion ou par hauteur, de nouveaux genres d'hostilités ? N'avez-vous point autorisé des ravages, des incendies, des sacriléges, des massacres, qui n'ont décidé de rien, sans lesquels vous pouviez défendre votre cause, et malgré lesquels vos ennemis ont également continué leurs efforts contre vous? Vous devez rendre compte à Dieu, et réparer selon l'étendue de votre pouvoir, tous les maux que vous avez autorisés, et qui ont été faits sans nécessité.

Direction XXXI.

Avez-vous exécuté ponctuellement les traités de paix? Ne les avez-vous jamais violés sous de beaux prétextes? A l'égard des articles des anciens traités de paix qui sont ambigus, au lieu d'en tirer des sujets de guerre, il faut les interpréter par la pratique qui les a suivis immédiatement. Cette pratique immédiate est l'interprétation infaillible des paroles. Les parties, immédiatement après le traité, s'entendoient elles-mêmes parfaitement : elles savoient mieux alors ce qu'elles avoient voulu dire, qu'on ne le peut savoir cinquante ans après. Ainsi la possession est décisive à cet égard-là; et vouloir la troubler, c'est vouloir éluder ce qu'il y a de plus assuré et de plus inviolable dans le genre humain. Pour donner quelque consistance au monde, et quelque sûreté aux nations, il faut supposer, par préférence à tout le reste, deux points, qui sont comme les deux pôles de la Terre entière : l'un, que tout traité de paix juré entre deux princes, est inviolable à leur égard, et doit toujours être pris simplement dans son sens le plus naturel, et interprété par l'exécution immédiate : l'autre, que toute possession paisible et non interrompue, depuis le temps que la Jurisprudence demande pour les prescriptions les moins favorables, doit acquérir une propriété certaine et légitime à celui qui a cette possession, quelque vice qu'elle ait pu avoir dans son origine. Sans ces deux règles fondamentales, point de repos, ni de sûreté dans tout le genre humain. Les avez-vous toujours suivies ?

Direction XXXII.

Avez-vous fait justice au mérite de tous les principaux sujets que vous pouviez mettre dans les emplois ? En ne faisant pas justice aux particuliers sur leurs biens, comme sur leurs terres, sur leurs rentes, etc. vous n'avez fait tort qu'à ces particuliers, et à leurs familles : mais en ne comptant pour rien dans le choix des hommes, ni la vertu, ni les talens, c'est à tout votre État que vous avez fait une injustice irréparable. Ceux que vous n'avez point choisis pour les places n'ont rien perdu d'effectif, parce que ces places n'auroient été pour eux que des occasions dangereuses pour leur salut, et pour leur repos temporel : mais c'est tout votre royaume que vous avez privé injustement d'un secours que Dieu lui avoit préparé. Les hommes d'un esprit élevé, et d'un cœur droit, sont plus rares qu'on ne sauroit le croire. Il faudroit les aller chercher jusqu'au bout du monde : *Procul, et de ultimis finibus pretium ejus*, comme le dit le Sage de la femme forte. Pourquoi avez-vous privé l'État du secours de ces hommes supérieurs aux autres ? Votre devoir n'étoit-il pas de choisir, pour les premieres places, les premiers hommes ? N'étoit-ce pas-là votre principale fonction ? Un Roi ne fait pas la fonction de Roi, en réglant les détails que d'autres qui gouvernent sous lui pourroient régler. Sa fonction essentielle est de faire tout ce que nul autre que lui ne peut faire : c'est de bien choisir ceux qui exercent son autorité sous lui : c'est de mettre chacun dans la place qui lui convient, et de faire tout dans l'Etat, non par lui-même, ce qui est impossible, mais en faisant tout faire par des hommes qu'il choisit, qu'il anime, et qu'il redresse. Voilà la véritable action d'un Roi. Avez-vous quitté tout le reste que d'autres peuvent faire sous vous, pour vous appliquer à ce devoir essentiel que vous seul pouvez remplir ? Avez-vous eu soin de jeter les yeux sur un certain nombre de gens sensés, et bien intentionnés, par qui vous puissiez être averti de tous les sujets de chaque profession, qui s'élèvent et qui se distinguent ? Les avez-vous questionnés tous séparément pour voir si leurs témoignages sur chaque sujets seroient uniformes ? Avez-vous eu la patience d'examiner, par ces divers canaux, les sentimens, les inclinations, les habitudes, la conduite de chaque homme que vous pouvez placer ? Avez-vous vû ces hommes vous-même ? Expédier des détails dans un cabinet où l'on se renferme sans cesse, c'est dérober son plus précieux temps à l'État. Il faut qu'un Roi voie, parle, écoute beaucoup de gens ; qu'il apprenne par son expérience à étudier les hommes, qu'il les connoisse par un fréquent commerce, et par un accès libre.

Il y a deux manières de les connoître. L'une est la conversation. Si vous étudiez bien les hommes, sans paroître néanmoins les étudier, la conversation vous sera beaucoup plus utile que beaucoup de travaux qu'on croiroit plus importans. Vous y remarquerez la légèreté, l'indiscrétion, la vanité, l'artifice des hommes, leurs flatteries, leurs fausses maximes. Les princes ont un pouvoir infini sur ceux qui les approchent : et ceux qui les approchent ont une foiblesse infinie en les approchant. La vue des princes réveille toutes les passions, et rouvre toutes les plaies du cœur. Si un prince sait profiter de cet ascendant, il sentira bientôt les foiblesses de chaque homme. L'autre manière d'éprouver les hommes, est de les mettre dans les emplois subalternes, pour essayer s'ils seront propres aux emplois supérieurs. Suivez les hommes dans les emplois que vous leur confiez, ne les perdez jamais de vue, sachez ce qu'ils font, faites-leur rendre compte de ce que vous leur avez donné à faire. Voilà de quoi leur parler quand vous les voyez : jamais vous ne manquerez de sujet de conversation. Vous verrez leur naturel par les partis qu'ils ont pris d'eux-mêmes. Quelquefois il est à propos de leur cacher vos sentimens pour découvrir les leurs. Demandez leur conseil, et n'en prenez que ce qu'il vous plaira.

Telle est la vraie fonction d'un Roi. L'avez-vous remplie? N'avez-vous point négligé de connoître les hommes par paresse d'esprit, par une humeur qui vous rend particulier, par une hauteur qui vous éloigne de la société, par des détails qui ne sont que des vétilles en comparaison de l'étude des hommes, enfin par des amusemens dans votre cabinet sous prétexte de travail secret? N'avez-vous point craint et écarté les sujets forts et distingués des autres?

N'avez-vous pas craint qu'ils ne vous vissent de trop près, et ne pénétrassent trop dans vos foiblesses, si vous les approchiez de votre personne? N'avez-vous pas craint qu'ils ne vous flattassent pas, qu'ils ne contredissent vos passions injustes, vos mauvais goûts, vos motifs bas et indécens? N'avez-vous pas mieux aimé vous servir de certains hommes intéressés et artificieux, qui vous flattent, qui font semblant de ne jamais voir vos défauts, et qui applaudissent à toutes vos fantaisies; ou bien de certains hommes médiocres et souples, que vous dominez aisément, que vous espérez éblouir, qui n'ont jamais le courage de vous résister, et qui vous gouvernent d'autant plus que vous ne vous défiez point de leur autorité, et que vous ne craignez point qu'ils paroissent d'un génie supérieur au vôtre? N'est-ce point par ces motifs si corrompus, que vous avez rempli les principales places d'hommes foibles ou dépravés; et que vous avez laissé loin de vous tout ce qu'il y avoit de meilleur pour vous aider dans les grandes affaires? Prendre les terres, les charges, et l'argent d'autrui, n'est point une injustice comparable à celle que je viens d'expliquer.

Direction XXXIII.

N'avez-vous point accoutumé vos domestiques à une dépense au-dessus de leur condition, et à des récompenses qui chargent l'État? Vos valets-de-chambre, vos valets de garde-robe, etc. ne vivent-ils pas comme des seigneurs, pendant que les vrais seigneurs languissent dans votre antichambre sans aucun bienfait, et que beaucoup d'autres des plus illustres maisons sont dans le fond des provinces, réduits à cacher leur misère? N'avez-vous point autorisé, sous prétexte d'orner votre cour, le luxe d'habits, de meubles, d'équipages et de maisons, de tous ces officiers subalternes qui n'ont ni naissance ni mérite solide, et qui se croyent au-dessus des gens de qualité, parce qu'ils vous parlent familièrement, et qu'ils obtiennent facilement des grâces? Ne craignez-vous pas trop leur importunité? N'avez-vous point craint de les fâcher, plus que de manquer à la justice? N'avez-vous pas été trop sensible aux vaines marques de zèle et d'attachement tendre pour votre personne, qu'ils s'empressent de vous témoigner pour vous plaire, et pour avancer leur fortune? Ne les avez-vous pas rendus malheureux, en leur laissant concevoir des espérances disproportionnées à leur état et à votre affection pour eux? N'avez-vous pas ruiné leurs familles, en les laissant mourir sans récompense solide qui reste à leurs enfans, après que vous les avez laissé vivre dans un faste ridicule, qui a consumé les grands bienfaits qu'ils ont reçus de vous pendant leur vie? N'en a-t-il pas été de même des autres courtisans, chacun selon son dégré? Ils sucent, pendant qu'ils vivent, le royaume entier : en quelque temps qu'ils meurent, ils laissent leurs familles ruinées. Vous leur donnez trop, et vous leur faites encore plus dépenser. Ainsi ceux qui ruinent l'État se ruinent eux-mêmes. C'est vous qui en êtes cause, en assemblant autour de vous tant d'hommes inutiles, fastueux, dissipateurs, et qui se font de leurs plus folles dissipations un titre auprès de vous, pour vous demander de nouveaux biens qu'ils puissent encore dissiper.

Direction XXXIV.

N'avez-vous point pris des préventions contre quelqu'un, sans avoir jamais examiné les faits? C'est ouvrir la porte à la calomnie et aux faux rapports, ou du moins prendre témérairement les préventions des gens qui vous approchent, et en qui vous vous confiez. Il n'est point permis de n'écouter et de ne croire qu'un certain nombre de gens. Ils sont certainement hommes : et quand même ils seroient incorruptibles, du moins ils ne sont pas infaillibles. Quelque confiance que vous ayez en leurs lumières et en leur vertu, vous êtes obligé d'examiner s'ils ne sont point trompés par d'autres, et s'ils ne s'entêtent point. Toutes les fois que vous vous livrez à un certain nombre de personnes qui sont liées ensemble par les mêmes intérêts ou par les mêmes sentimens, vous vous exposez volontairement à être trompé et à faire des injustices. N'avez-vous point quelquefois fermé les yeux à certaines raisons fortes, ou du moins n'avez-vous pas pris certains partis rigoureux, dans le doute, pour contenter ceux qui vous environnent et que vous craignez de fâcher? N'avez-vous pas pris le parti, sur des rapports incertains, d'écarter des emplois des gens qui ont des talens et un mérite distingué? On dit en soi-même : *il n'est pas possible d'éclaircir ces accusations ; le plus sûr est d'éloigner des emplois cet homme.* Mais cette prétendue précaution est le plus dangereux de tous les piéges. Par-là on n'approfondit rien, et on donne aux rapporteurs tout ce qu'ils prétendent. On juge le fond sans examiner ; car on exclut le mérite, et on se laisse effaroucher contre toutes les personnes que les rapporteurs veulent rendre suspectes. Qui dit un rapporteur, dit un homme qui s'offre pour faire ce métier, qui s'insinue par cet horrible métier, et qui par conséquent est manifestement indigne de toute créance. Le croire, c'est vouloir s'exposer à égorger l'innocent. Un prince qui prête l'oreille aux rapporteurs de profession, ne mérite de connoître ni la vérité ni la vertu. Il faut chasser et confondre ces pestes de Cour. Mais comme il faut être averti, le prince doit avoir d'honnêtes gens, qu'il oblige malgré eux à veiller, à observer, à savoir ce qui se passe, et à l'en avertir secrétement. Il doit choisir, pour cette fonction, les gens à qui elle répugne davantage, et qui ont le plus d'horreur pour le métier infâme de rapporter. Ceux-ci ne l'avertiront que des faits véritables et importans : ils ne lui diront point toutes les bagatelles qu'il doit ignorer, et sur lesquelles il doit être commode au public. Du moins, ils ne lui donneront les choses douteuses que comme douteuses ; et ce sera à lui à les approfondir, ou à suspendre son jugement si elles ne peuvent être éclaircies.

Direction XXXV.

N'avez-vous point trop répandu de bienfaits sur vos ministres, sur vos favoris, et sur leurs créatures, pendant que vous avez laissé languir dans le besoin des personnes de mérite, qui ont long-temps servi, et qui manquent de protection? D'ordinaire, le grand défaut des princes est d'être foibles, mous et inappliqués. Ils ne sont presque jamais déterminés par le mérite ni par les vrais défauts des gens. Le fond des choses n'est pas ce qui les touche : leur décision, d'ordinaire, vient de ce qu'ils n'osent refuser ceux qu'ils ont l'habitude de voir et de croire. Souvent ils les souffrent avec impatience, et ne laissent pourtant pas de demeurer subjugués. Ils voient les défauts de ces gens-là, et se contentent de les voir. Ils se savent bon gré de n'en être pas les dupes; après quoi, ils les suivent aveuglément. Ils leur sacrifient le mérite, l'innocence, les talens distingués, et les plus longs services. Quelquefois ils écouteront favorablement un homme qui osera leur parler contre ces ministres ou ces favoris, et ils verront des faits clairement vérifiés : alors ils gronderont, et feront entendre à ceux qui auront osé parler, qu'ils seront soutenus contre le ministre ou contre le favori. Mais bientôt le prince se lasse de protéger celui qui ne tient qu'à lui seul. Cette protection lui coûte trop dans le détail : et de peur de voir un visage mécontent dans la personne du ministre, l'honnête-homme par qui l'on avoit appris la vérité, sera abandonné à son indignation. Après cela, méritez-vous d'être averti? Pouvez-vous espérer de l'être? Quel est l'homme sage qui osera aller droit à vous, sans passer par le ministre, dont la jalousie est implacable? Ne méritez-vous pas de ne plus voir que par ses yeux? N'êtes-vous pas livré à ses passions les plus injustes, et à ses préventions les plus déraisonnables? Vous laissez-vous quelque remède contre un si grand mal?

Direction XXXVI.

Ne vous laissez-vous point éblouir par certains hommes vains, hardis, et qui ont l'art de se faire valoir, pendant que vous négligez et laissez loin de vous le mérite simple, modeste, timide et caché? Un prince montre la grossièreté de son goût, lorsqu'il ne sait pas discerner combien ces esprits si hardis, et qui ont l'art d'imposer, sont superficiels et pleins de défauts méprisables. Un prince sage et pénétrant n'estime ni les esprits évaporés, ni les grands parleurs, ni ceux qui décident d'un ton de confiance, ni les critiques dédaigneux, ni les moqueurs qui tournent tout en plaisanterie. Il méprise ceux qui trouvent tout facile, qui applaudissent à tout ce qu'il veut, qui ne consultent que ses yeux, ou le ton de sa voix, pour deviner sa pensée, et pour l'approuver. Il recule loin des emplois de confiance ces hommes qui n'ont que des dehors sans fonds. Au contraire, il cherche, il prévient, il attire à soi les personnes judicieuses et solides qui n'ont aucun empressement, qui se défient d'elles-mêmes, qui craignent les emplois, qui promettent peu et qui tâchent de faire beaucoup, qui ne parlent guère et qui pensent toujours, qui parlent d'un ton douteux, et qui savent contredire avec respect.

De tels sujets demeurent souvent obscurs dans les places inférieures, pendant que les premières sont occupées par des hommes grossiers et hardis, qui ont imposé au prince, et qui ne servent qu'à montrer combien il manque de discernement. Tandis que vous négligerez de chercher le mérite caché, et de réprimer les gens empressés et dépourvus de qualités solides, vous serez responsable devant Dieu de toutes les fautes qui seront faites par ceux qui agiront sous vous. Le métier d'adroit courtisan perd tout dans un État. Les esprits les plus bornés et les plus corrompus sont souvent ceux qui apprennent le mieux cet indigne métier. Ce métier gâte tous les autres : le Médecin néglige la médecine, le Prélat oublie les devoirs de son ministère, le Général d'armée songe bien plus à faire sa cour qu'à défendre l'État : l'Ambassadeur négocie bien plus pour ses propres intérêts à la cour de son Maître, qu'il ne négocie pour les intérêts de son Maître à la cour où il est envoyé. L'art de faire sa cour gâte les hommes de toutes les professions, et étouffe le vrai mérite.

Rabaissez donc ces hommes dont tout le talent ne consiste qu'à plaire, qu'à flatter, qu'à éblouir, qu'à s'insinuer pour faire fortune. Si vous y manquez, vous remplirez indignement vos places, et le vrai mérite demeurera toujours en arrière. Votre devoir est de reculer ceux qui s'avancent trop, et d'avancer ceux qui demeurent reculés en faisant leur devoir.

Direction XXXVII et dernière.

N'avez-vous point entassé trop d'emplois sur la tête d'un seul homme, soit pour contenter son ambition, soit pour vous épargner la peine d'avoir beaucoup de gens à qui vous soyez obligé de parler? Dès qu'un homme est l'homme à la mode, on lui donne tout, on voudroit qu'il fît lui seul toutes choses. Ce n'est pas qu'on l'aime, car on n'aime rien ; ce n'est pas qu'on s'y fie, car on se défie de la probité de tout le monde ; ce n'est pas qu'on le trouve parfait, car on est ravi de le critiquer souvent : mais c'est qu'on est paresseux et sauvage. On ne veut point avoir à compter avec tant de gens. Pour en voir moins, et pour n'être point observé de près par tant de personnes, on fera faire à un seul homme ce que quatre auroient grand'peine à bien faire. Le public en souffre, les expéditions languissent, les surprises et les injustices sont plus fréquentes et plus irrémédiables. L'homme est accablé, et seroit bien fâché de ne l'être pas. Il n'a le temps ni de penser, ni d'approfondir, ni de faire des plans, ni d'étudier les hommes dont il se sert : il est toujours entraîné au jour la journée, par un torrent de détails à expédier.

D'ailleurs cette multitude d'emplois sur une seule tête, souvent assez foible, exclut tous les meilleurs sujets qui pourroient se former et faire de grandes choses. Tout talent demeure étouffé. La paresse du prince en est la vraie cause. Les plus petites raisons décident sur les plus grandes affaires. De là naissent des injustices innombrables. *Pauca de te*, disoit Saint Augustin au comte Boniface, *sed multa propter te.* Peut-être ferez-vous peu de mal par vous-même, mais il s'en fera d'infinis par votre autorité mise en mauvaises mains.

SUPPLÉMENT OU ADDITION

AUX DIRECTIONS PRÉCÉDENTES,

XXV—XXX,

Concernant en particulier, non-seulement le droit légitime, mais même la nécessité indispensable de former des alliances, tant offensives que défensives, contre une Puissance supérieure, justement redoutable aux autres, et tendant manifestement à la Monarchie universelle.

Les États voisins les uns des autres ne sont pas seulement obligés à se traiter mutuellement selon les règles de la justice et de la bonne foi : mais ils doivent encore, pour leur sûreté particulière autant que pour l'intérêt commun, faire une espèce de société et de république générale.

Il faut compter qu'à la longue la plus grande Puissance prévaut toujours, et renverse les autres, si les autres ne se réunissent point pour faire le contre-poids. Il n'est par permis d'espérer parmi les hommes qu'une puissance supérieure demeure dans les bornes d'une exacte modération, et qu'elle ne veuille dans sa force que ce qu'elle pourroit obtenir dans sa plus grande foiblesse. Quand même un prince seroit assez parfait pour faire un usage si merveilleux de sa prospérité, cette merveille finiroit avec son règne. L'ambition naturelle des Souverains, les flatteries de leurs conseillers, et la prévention des nations entières, ne permettent pas de croire qu'une nation qui peut subjuguer les autres, s'en abstienne pendant des siècles entiers. Un règne où éclateroit une justice si extraordinaire, seroit l'ornement de l'histoire, et un prodige qu'on ne peut plus revoir.

Il faut donc compter sur ce qui est réel et journalier; qui est, que chaque nation cherche à prévaloir sur toutes les autres qui l'environnent. Chaque nation est donc obligée à veiller sans cesse pour prévenir l'excessif aggrandissement de chaque voisin, pour sa sûreté propre. Empêcher le voisin d'être trop puissant, ce n'est point faire un mal; c'est se garantir de la servitude, et en garantir ses autres voisins; en un mot, c'est travailler à la liberté, à la tranquillité, au salut public: car l'aggrandissement d'une nation au delà d'une certaine borne, change le système général de toutes les nations qui ont rapport à celle-là. Par exemple, toutes les successions qui sont entrées dans la Maison de Bourgogne, puis celles qui ont élevé la Maison d'Autriche, ont changé la face de toute l'Europe. Toute l'Europe a dû craindre la *Monarchie universelle* sous CHARLES-QUINT, surtout après que FRANÇOIS I eut été défait et pris à Pavie. Il est certain qu'une nation qui n'avoit rien à démêler directement avec l'Espagne, ne laissoit pas alors d'être en droit, pour la liberté publique, de prévenir cette puissance rapide qui sembloit prête à tout engloutir.

Les particuliers ne sont pas en droit de s'opposer de même à l'accroissement des richesses de leurs voisins, parce qu'on doit supposer que cet accroissement d'autrui ne peut être leur ruine. Il y a des lois écrites et des magistrats pour réprimer les injustices et les violences entre les familles inégales en biens : mais pour les États, ils ne sont pas de même. Le trop grand accroissement d'un seul peut causer la ruine et la servitude de tous les autres qui sont ses voisins : il n'y a ni lois écrites, ni juges établis pour servir de barrière contre les invasions du plus puissant. On est toujours en droit de supposer que le plus puissant, à la longue, se prévaudra de sa force, quand il n'y aura plus d'autre force à peu près égale qui puisse l'arrêter. Ainsi, chaque prince est en droit et en obligation de prévenir dans son voisin cet accroissement de puissance qui jetteroit son peuple et tous les autres peuples voisins dans un danger prochain de servitude sans ressource.

Par exemple, PHILIPPE II, Roi d'Espagne, après avoir conquis le Portugal, veut se rendre maître de l'Angleterre. Je sais bien que son droit étoit mal fondé; car il n'en avoit que par la Reine MARIE, sa femme, morte sans enfans. ÉLISABETH, illégitime, ne devoit point régner. La Couronne appartenoit à MARIE STUART et à son fils. Mais enfin, supposé que le droit de PHILIPPE II eût été incontestable, l'Europe entière auroit eu raison néanmoins de s'opposer à son établissement en Angleterre; car ce royaume si puissant, ajouté à ses États d'Espagne, d'Italie, de Flandres, des Indes Orientales et Occidentales, le mettoit en état de faire là loi, surtout par ses forces maritimes, à toutes les autres puissances de la chrétienté. Alors *summum jus, summa injuria*. Un droit particulier de succession ou de donation, devoit céder à la loi naturelle de la sûreté de tant de nations. En un mot, tout ce qui renverse l'équilibre, et qui donne le coup décisif pour la monarchie universelle, ne peut être juste, quand même il seroit fondé sur des lois écrites dans un pays particulier. La raison en est, que ces lois écrites chez un peuple, ne peuvent prévaloir sur la loi naturelle de la liberté et de la sûreté commune, gravée dans le cœur de tous les autres peuples du monde. Quand une puissance monte à un point que toutes les autres puissances voisines ensemble ne peuvent plus lui résister, toutes ces autres sont en droit de se liguer pour prévenir cet accroissement, après lequel il ne seroit plus temps de défendre la liberté commune. Mais pour faire légitimement ces sortes de ligues qui tendent à prévenir un trop grand accroissement d'un État, il faut que le cas soit véritable et pressant : il faut se contenter d'une ligue défensive, ou du moins ne la faire offensive qu'autant que la juste et nécessaire défense se trouvera renfermée dans les desseins d'une aggression. Encore même faut-il toujours dans les traités de ligues offensives, poser des bornes précises pour ne détruire jamais une puissance sous prétexte de la modérer.

Cette attention à maintenir une espèce d'égalité et d'équilibre entre les nations voisines, est ce qui en assure le repos commun. A cet égard, toutes les nations voisines et liées par le commerce, font un grand corps et une espèce de communauté. Par exemple, la Chrétienté fait une espèce de république générale, qui a ses intérêts, ses craintes, ses précautions à observer. Tous les membres qui composent ce grand corps, se doivent les uns aux autres pour le bien commun, et se doivent encore à eux-mêmes pour la sûreté de la patrie, de prévenir tout progrès de quelqu'un des membres qui renverseroit l'équilibre, et qui se tourneroit à la ruine inévitable de tous les autres membres du même corps. Tout ce qui change ou altère ce système général de l'Europe est trop dangereux, et traîne après soi des maux infinis.

Toutes les nations voisines sont tellement liées par leurs intérêts les unes aux autres et au gros de l'Europe, que les moindres progrès particuliers peuvent altérer ce système général, qui fait l'équilibre, et qui peut seul faire la sûreté publique. Otez une pierre d'une voûte, tout l'édifice tombe, parce que toutes les pierres se soutiennent en se contrepoussant.

L'humanité met donc un devoir mutuel de défense du salut commun entre les nations voisines contre un État voisin qui devient trop puissant, comme il y a des devoirs mutuels entre les concitoyens pour la liberté de la patrie. Si le citoyen doit beaucoup à sa patrie dont il est membre, chaque nation doit à plus forte raison bien davantage au repos et au salut de la république universelle dont elle est membre, et dans laquelle sont renfermées toutes les patries des particuliers.

Les ligues défensives sont donc justes et nécessaires, quand il s'agit véritablement de prévenir une trop grande puissance qui seroit en état de tout envahir. Cette puissance supérieure n'est donc pas en droit de rompre la paix avec les autres États inférieurs, précisément à cause de leur ligue défensive ; car ils sont en droit et en obligation de la faire.

Pour une ligue offensive, elle dépend des circonstances. Il faut qu'elle soit fondée sur des infractions de paix, ou sur la détention de quelque pays des Alliés, ou sur la certitude de quelque autre fondement semblable. Encore même faut-il toujours, comme je l'ai déjà dit, borner de tels traités à des conditions qui empêchent ce qu'on voit souvent ; c'est qu'une nation se sert de la nécessité d'en rabattre une autre qui aspire à la tyrannie universelle, pour y aspirer elle-même à son tour. L'habileté, aussi bien que la justice et la bonne foi, en faisant des traités d'alliance, est de les faire très-précis, très-éloignés de toute équivoque, et exactement bornés à un certain bien que vous en voulez tirer prochainement. Si vous n'y prenez garde, les engagemens que vous prenez se tourneront contre vous, en abattant trop vos ennemis, et en élevant trop votre allié. Il vous faudra, ou souffrir ce qui vous détruit, ou manquer à votre parole; choses presque également funestes.

Continuons à raisonner sur ces principes, en prenant l'exemple particulier de la Chrétienté, qui est le plus sensible pour nous.

Il n'y a que quatre sortes de systêmes. Le premier est d'être absolument supérieur à toutes les autres puissances, même réunies : c'est l'état des Romains et celui de CHARLEMAGNE. Le second est d'être dans la Chrétienté la puissance supérieure aux autres, qui font néanmoins à peu près le contre-poids, en se réunissant. Le troisième est d'être une puissance inférieure à une autre, mais qui se soutient, par son union avec tous les voisins, contre cette puissance prédominante. Enfin, le quatrième est d'une puissance à peu près égale à une autre, qui tient tout en paix par cette espèce d'équilibre qu'elle garde sans ambition et de bonne foi.

L'état des Romains et de CHARLEMAGNE n'est point un état qu'il vous soit permis de désirer. 1.° Parce que pour y arriver, il faut commettre toutes sortes d'injustices et de violences : il faut prendre ce qui n'est pas à vous, et le prendre par des guerres abominables dans leur durée et dans leur étendue. 2.° Ce dessein est très-dangereux : souvent les États périssent par ces folles ambitions. 3.° Ces empires immenses, qui ont fait tant de maux en se formant, en font bientôt après d'autres encore plus effroyables, en tombant par terre. La première minorité, ou le premier règne foible, ébranle les trop grandes masses, et sépare des peuples qui ne sont encore accoutumés ni au joug ni à l'union mutuelle. Alors, quelles divisions, quelles confusions, quelles anarchies irrémédiables! On n'a qu'à se souvenir des maux qu'ont faits en Occident la chute si prompte de l'empire de CHARLEMAGNE, et en Orient le renversement de celui d'ALEXANDRE, dont les capitaines firent encore plus de maux pour partager ses dépouilles, qu'il n'en avoit fait lui-même en ravageant l'Asie. Voilà donc le système le plus éblouissant, le plus flatteur et le plus funeste, pour ceux mêmes qui viennent à bout de l'exécuter.

Le second système est d'une puissance supérieure à toutes les autres, qui font contre elle à peu près l'équilibre. Cette puissance supérieure a l'avantage contre les autres d'être toute réunie, toute simple, toute absolue dans ses ordres, toute certaine dans ses mesures. Mais à la longue, si elle ne cesse de réunir contre elle les autres en en excitant la jalousie, il faut qu'elle succombe. Elle s'épuise, elle est exposée à beaucoup d'accidens internes et imprévus; ou les attaques du dehors peuvent la renverser soudainement. De plus, elle s'use pour rien, et fait des efforts ruineux pour une supériorité qui ne lui donne rien d'effectif, et qui l'expose à toutes sortes de déshonneurs et de dangers. De tous les états, c'est certainement le plus mauvais; d'autant plus qu'il ne peut jamais aboutir, dans sa plus étonnante prospérité, qu'à passer dans le premier système, que nous avons déjà reconnu injuste et pernicieux.

Le troisième système est d'une puissance inférieure à une autre, mais en sorte que l'inférieure, unie au reste de l'Europe, fait l'équilibre contre la supérieure, et la sûreté de tous les autres moindres Etats. Ce système a ses incommodités et ses inconvéniens; mais il risque moins que le précédent, parce qu'on est sur la défensive, qu'on s'épuise moins, qu'on a des alliés, et que d'ordinaire, dans cet état d'infériorité, on n'est point dans l'aveuglement et dans la présomption insensée qui menace de ruine ceux qui prévalent. On voit presque toujours qu'avec un peu de temps ceux qui avoient prévalu s'usent et commencent à déchoir. Pourvu que cet Etat inférieur soit sage, modéré, ferme dans ses alliances, précautionné pour ne leur donner aucun ombrage, et pour ne rien faire que par leur avis pour l'intérêt commun, il occupe cette puissance supérieure jusqu'à ce qu'elle baisse.

Le quatrième système est d'une puissance à peu près égale à une autre, avec laquelle elle fait l'équilibre pour la sûreté publique. Être dans cet état, et n'en vouloir point sortir par ambition, c'est l'état le plus sage et le plus heureux. Vous êtes l'arbitre commun. Tous vos voisins sont vos amis : du moins, ceux qui ne le sont pas se rendent par-là suspects à tous les autres. Vous ne faites rien qui ne paroisse fait pour vos voisins aussi-bien que pour vos peuples. Vous vous fortifiez tous les jours. Et si vous parvenez, comme cela est presque infaillible à la longue, par un sage gouvernement, à avoir plus de forces intérieures, et plus d'alliances au-dehors que la puissance jalouse de la vôtre, alors il faut s'affermir de plus en plus dans cette sage modération qui vous borne à entretenir l'équilibre et la sûreté commune. Il faut toujours se souvenir des maux que coûtent au-dedans et au-dehors de son Etat les grandes conquêtes; qu'elles sont sans fruit, et du risque qu'il y a à les entreprendre; enfin, de la vanité, de l'inutilité, du peu de durée des grands empires, et des ravages qu'ils causent en tombant.

Mais comme il n'est pas permis d'espérer qu'une puissance supérieure à toutes les autres demeure long-temps sans abuser de cette supériorité, un prince bien sage et bien juste, ne doit jamais souhaiter de laisser à ses successeurs, qui seront, selon toutes les apparences, moins modérés que lui, cette continuelle et violente tentation d'une supériorité trop déclarée. Pour le bien même de ses successeurs et de ses peuples, il doit se borner à une espèce d'égalité. Il est vrai qu'il y a deux sortes de supériorité. L'une extérieure, qui consiste en étendue de terres, en places fortifiées, en passages pour entrer dans les terres de ses voisins, etc. celle-là ne fait que causer des tentations aussi funestes à soi-même qu'à ses voisins; qu'exciter la haine, la jalousie et les ligues. L'autre est intérieure et solide : elle consiste dans un peuple plus nombreux, mieux discipliné, plus appliqué à la culture des terres et aux arts nécessaires. Cette supériorité d'ordinaire est facile à acquérir, sûre, à l'abri de l'envie et des ligues, plus propre même que les conquêtes et que les places fortes à rendre un peuple invincible. On ne sauroit donc trop chercher cette seconde supériorité, ni trop éviter la première, qui n'a qu'un faux éclat.

AUTRE SUPPLÉMENT,

Contenant diverses Maximes de saine Politique et de sage Administration, tirées tant des autres écrits de M. de Cambray, que de ses simples conversations.

Toutes les nations de la terre ne sont que les différentes familles d'une même république dont Dieu est le père commun. La lôi naturelle et universelle selon laquelle il veut que chaque famille soit gouvernée, est de préférer le bien public à l'intérêt particulier.

Si les hommes suivoient exactement cette loi naturelle, chacun feroit, et par raison et par amitié, ce qu'il ne fait à présent que par crainte ou par intérêt. Mais les passions malheureusement nous aveuglent, nous corrompent, et nous empêchent ainsi de connoître et d'aimer cette grande et sage loi. Il a fallu l'expliquer et la faire exécuter par des lois civiles; et par conséquent établir une autorité suprême qui jugeât en dernier ressort, et à laquelle tous les hommes pussent avoir recours comme à la source de l'unité politique et de l'ordre civil. Autrement il y auroit autant de gouvernemens arbitraires, qu'il y a de têtes.

L'amour du peuple, le bien public, l'intérêt

général de la société, est donc la loi immuable et universelle des souverains. Cette loi est antérieure à tout contrat : elle est fondée sur la nature même : elle est la source et la régle sûre de toutes les autres lois. Celui qui gouverne doit être le premier et le plus obéissant à cette loi primitive. Il peut tout sur les peuples : mais cette loi doit pouvoir tout sur lui. Le Pére commun de la grande famille ne lui a confié ses enfans que pour les rendre heureux. Il veut qu'un seul homme serve par sa sagesse à la félicité de tant d'hommes ; et non que tant d'hommes servent par leur misère à flatter l'orgueil d'un seul. Ce n'est point pour lui-même que Dieu l'a fait Roi. Il ne l'est que pour être l'homme des peuples : et il n'est digne de la royauté, qu'autant qu'il s'oublie réellement lui-même pour le bien public.

Le despotisme tyrannique des souverains est un attentat sur les droits de la fraternité humaine. C'est renverser la grande et sage loi de la nature, dont ils ne doivent être que les conservateurs. Le despotisme de la multitude est une puissance folle et aveugle, qui se forcène contre elle-même. Un peuple, gâté par une liberté excessive, est le plus insupportable de tous les tyrans. La sagesse de tout gouvernement, quel qu'il soit, consiste à trouver le juste milieu entre ces deux extrémités affreuses, dans une liberté modérée par la seule autorité des lois. Mais les hommes, aveugles et ennemis d'eux-mêmes, ne sauroient se borner à ce juste milieu.

Triste état de la nature humaine! Les souverains, jaloux de leur autorité, veulent toujours l'étendre. Les peuples, passionnés pour leur liberté, veulent toujours l'augmenter. Il vaut mieux cependant souffrir, pour l'amour de l'ordre, les maux inévitables dans tous les États même les plus réglés, que de secouer le joug de toute autorité en se livrant sans cesse aux fureurs de la multitude qui agit sans règle et sans loi. Quand l'autorité souveraine est donc une fois fixée par les lois fondamentales dans un seul, dans peu, ou dans plusieurs, il faut en supporter les abus, si l'on ne peut y remédier par des voies compatibles avec l'ordre.

Toutes ces sortes de gouvernemens sont nécessairement imparfaits, puisqu'on ne peut confier l'autorité suprême qu'à des hommes. Et toutes sortes de gouvernement sont bonnes, quand ceux qui gouvernent suivent la grande loi du bien public. Dans la théorie, certaines formes paroissent meilleures que d'autres : mais dans la pratique, la foiblesse ou la corruption des hommes, sujets aux mêmes passions, exposent tous les États à des inconvéniens à peu près égaux. Deux ou trois hommes entraînent toujours le Monarque ou le Sénat.

On ne trouvera donc pas le bonheur de la société humaine, en changeant et en bouleversant les formes déjà établies : mais en inspirant aux souverains que la sûreté de leur empire dépend du bonheur de leurs sujets, et aux peuples, que leur solide et vrai bonheur demande la subordination. La liberté sans ordre est un libertinage qui attire le despotisme. L'ordre sans la liberté est un esclavage qui se perd dans l'anarchie.

D'un côté, on doit apprendre aux princes que le pouvoir sans bornes est une frénésie qui ruine leur propre autorité. Quand les souverains s'accoutument à ne connoître d'autres lois que leurs volontés absolues, ils sapent le fondement de leur puissance. Il viendra une révolution soudaine et violente, qui, au lieu de modérer simplement leur autorité excessive, l'abattra sans ressource.

D'un autre côté, on doit enseigner aux peuples que, les souverains étant exposés aux haines, aux jalousies, aux bévues involontaires, qui ont des conséquences affreuses mais imprévues, il faut plaindre les Rois et les excuser. Les hommes sont à la vérité malheureux d'avoir à être gouvernés par un Roi qui n'est qu'un homme semblable à eux : car il faudroit des Dieux pour redresser les hommes. Mais les Rois ne sont pas moins infortunés, n'étant qu'hommes, c'est-à-dire, foibles et imparfaits, d'avoir à gouverner cette multitude innombrable d'hommes corrompus et trompeurs.

Par ces maximes également convenables à tous les états, et en conservant ainsi la subordination des rangs, on peut concilier la liberté du peuple avec l'obéissance due aux souverains, et rendre les hommes tout ensemble bons citoyens et fidèles sujets, soumis sans être esclaves, et libres sans être effrénés. Le pur amour de l'ordre est la source de toutes les vertus politiques, aussi bien que de toutes les vertus divines.

« Enfant de Saint Louis, » disoit le sage et pieux prélat à son illustre élève dans une de ses lettres : « imitez votre père : soyez comme lui, » doux, humain, accessible, affable, compa» tissant et libéral. Que votre grandeur ne vous » empêche jamais de descendre avec bonté jus» qu'aux plus petits, pour vous mettre à leur » place ; et que cette bonté n'affoiblisse jamais » ni votre autorité, ni leur respect. Étudiez sans » cesse les hommes. Apprenez à vous en servir, » sans vous livrer à eux. Allez chercher le vrai

» mérite jusqu'au bout du monde : d'ordinaire » il demeure modeste et reculé. La vertu ne » perce point la foule : elle n'a ni avidité, ni » empressement ; elle se laisse oublier. Ne vous » laissez point obséder par des esprits flatteurs » et insinuans : faites sentir que vous n'aimez » ni les louanges, ni les bassesses. Ne montrez » de la confiance qu'à ceux qui ont le courage » de vous contredire avec respect, et qui ai- » ment mieux votre réputation que votre faveur.

» Il est temps que vous montriez au monde » une maturité et une vigueur d'esprit pro- » portionnées au besoin présent. Saint Louis, à » votre âge, étoit déjà les délices des bons, et » la terreur des méchans. Laissez donc tous les » amusemens de l'âge passé. Faites voir que » vous pensez et que vous sentez ce qu'un » prince doit penser et sentir. Il faut que les » bons vous aiment, que les méchans vous » craignent, et que tous vous estiment. Hâtez- » vous de vous corriger, pour travailler utile- » ment à corriger les autres.

» La piété n'a rien de foible, ni de triste, ni » de géné : elle élargit le cœur ; elle est simple » et aimable ; elle se fait tout à tous pour les » gagner tous. Le royaume de Dieu ne consiste » pas dans une scrupuleuse observation de » petites formalités ; il consiste pour chacun

» dans les vertus propres à son état. Un grand » prince ne doit point servir Dieu de la même » façon qu'un solitaire ou qu'un simple par- » ticulier.

» Saint Louis s'est sanctifié en grand Roi. Il » étoit intrépide à la guerre, décisif dans ses » conseils, supérieur aux autres par la noblesse » de ses sentimens, sans hauteur, sans pré- » somption, sans dureté. Il suivoit en tout les » véritables intérêts de sa nation, dont il étoit » autant le père que le roi. Il voyoit tout de » ses propres yeux dans les affaires principales. » Il étoit appliqué, prévoyant, modéré, droit et » ferme dans les négociations ; en sorte que les » étrangers ne se fioient pas moins à lui que » ses propres sujets. Jamais prince ne fut plus » sage pour policer les peuples, et pour les » rendre tout ensemble bons et heureux. Il » aimoit avec confiance et tendresse tous ceux » qu'il devoit aimer ; mais il étoit ferme pour » corriger ceux qu'il aimoit le plus, quand ils » avoient tort. Il étoit noble et magnifique selon » les mœurs de son temps, mais sans faste et » sans luxe. Sa dépense, qui étoit grande, se fai- » soit avec tant d'ordre, qu'elle ne l'empêchoit » pas de dégager tout son domaine.

» Soyez héritiers de ses vertus, avant que de » l'être de sa couronne. Invoquez-le avec con-

» fiance dans vos besoins. Souvenez-vous que son » sang coule dans vos veines, et que l'esprit de » foi qui l'a sanctifié doit être la vie de votre » cœur. Il vous regarde du haut du ciel où il » prie pour vous, et où il veut que vous régniez » un jour en Dieu avec lui. Unissez votre cœur » au sien. *Conserva, Fili mi, præcepta patris tui.* »

Autant affectionné au bonheur du genre humain en général, qu'à celui de sa propre nation en particulier, et autant ennemi de la violence et de la persécution, qu'ami sincère de la justice et de l'équité ; voici les sages et judicieux conseils que notre illustre prélat donna au chevalier de Saint-George, lorsqu'il fut le voir à Cambrai, en 1709 ou 10.

« Sur toutes choses ne forcez jamais vos sujets » à changer leur religion. Nulle puissance hu- » maine ne peut forcer le retranchement im- » pénétrable de la liberté du cœur. La force ne » peut jamais persuader les hommes : elle ne » fait que des hypocrites. Quand les Rois se » mêlent de religion, au lieu de la protéger, » ils la mettent en servitude. Accordez à tous la » tolérance civile, non en approuvant tout » comme indifférent, mais en souffrant avec » patience tout ce que Dieu souffre, et en tâ- » chant de ramener les hommes par une douce » persuaion. »

Considérez attentivement quels sont « les » avantages que vous pouvez tirer de la forme » du gouvernement de votre pays, et des égards » que vous devez avoir pour votre sénat. Ce » tribunal ne peut rien sans vous. N'êtes-vous » pas assez puissant ? Vous ne pouvez rien sans » lui. N'êtes-vous pas heureux d'être libre pour » faire tout le bien que vous voudriez, et d'avoir » les mains liées quand vous voudriez faire du » mal ? Tout prince sage doit souhaiter de n'être » que l'exécuteur des lois, et d'avoir un conseil » suprême qui modère son autorité. L'autorité » paternelle est le premier modèle des gouver- » nemens. Tout bon père doit agir de concert » avec ses enfans les plus sages et les plus ex- » périmentés. »

Le *Télémaque* où l'*utile* se trouve si industrieusement et si sagement enchassé parmi l'*agréable*, est tout rempli de semblables conseils, qu'il seroit extrêmement à souhaiter pour le bonheur du genre humain que les souverains de tous les États voulussent bien écouter et suivre, mais qu'il seroit tout-à-fait superflu de transcrire ici, vu que cet excellent ouvrage se rencontre partout, et entre les mains de tout le monde.

FIN.

APPROBATION.

J'Ai lu par Ordre de Monseigneur le Garde des Sceaux un Imprimé qui a pour Titre, Directions pour la Conscience d'un Roi, composées pour l'Instruction de M. le Duc de Bourgogne, par M. de Fénélon. *Ce petit Ouvrage ne pouvoit paroître sous de meilleurs auspices qu'au commencement d'un règne où le jeune Monarque qui nous gouverne paroît tout occupé à profiter des excellentes instructions sur le grand art de régner, que l'immortel Auteur de* Télémaque *donnoit à son auguste Élève. A Paris le 6 décembre* 1774.

RIBALLIER.

www.ingramcontent.com/pod-product-compliance
Ingram Content Group UK Ltd.
Pitfield, Milton Keynes, MK11 3LW, UK
UKHW022059170726
13837UKWH00003B/1009

9 782329 260006